Succession de Madame NATHALIE

Ex-Sociétaire de la Comédie-Française

MOBILIER

BIJOUX, ARGENTERIE

CURIOSITÉS

VENTE

Les Vendredi 19 et Samedi 20 Février 1886

A DEUX HEURES

EXPOSITION PUBLIQUE

Le Jeudi 18 Février 1886, de 1 heure 1/2 à 5 heures 1/2.

M⁰ ESCRIBE, COMMISSAIRE-PRISEUR

rue de Hanovre, 6

M. A. BLOCHE, EXPERT

rue Chauchat, 23

PARIS — 1886

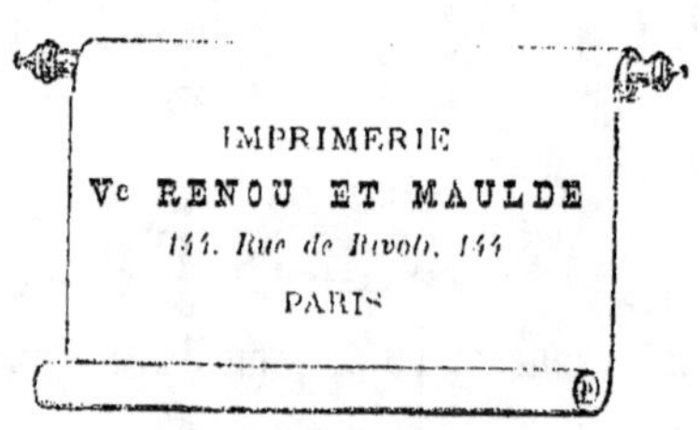
IMPRIMERIE
Vᶜ RENOU ET MAULDE
144, Rue de Rivoli, 144
PARIS

CATALOGUE

D'UN

BON MOBILIER

Meubles en bois rose, chêne, marqueterie, etc.
Piano d'Érard, Sièges, Rideaux, Tapis, Bronzes, Glaces, Livres

OBJETS D'ART ET DE CURIOSITÉ

TABLEAUX, FAIENCES ET PORCELAINES ANCIENNES, ETC.

ARGENTERIE ANCIENNE ET MODERNE

Bijoux, Boutons en brillants, Bagues
Broches, etc.

DONT LA VENTE AUX ENCHÈRES PUBLIQUES AURA LIEU

Après Décès de Madame NATHALIE

Ex-Sociétaire de la Comédie-Française

HOTEL DROUOT, SALLE N° 2

Les Vendredi 19 et Samedi 20 Février 1886

A DEUX HEURES

Par le ministère de **M° ESCRIBE**, Commissaire-Priseur,
rue de Hanovre, 6,

Assisté, pr les Bijoux et Objets d'art, de **M. A. BLOCHE**, Expert,
rue Chauchat, 23,

CHEZ LESQUELS SE DISTRIBUE LE CATALOGUE

EXPOSITION PUBLIQUE

Le Jeudi 18 Février 1886, de 1 heure 1/2 à 5 heures 1/2.

PARIS — 1886

CONDITIONS DE LA VENTE

Elle sera faite au comptant.

Les Adjudicataires paieront CINQ POUR CENT en sus des adjudications.

L'Exposition mettant le Public à même de se rendre compte de l'état des Objets, aucune réclamation ne sera admise une fois l'adjudication prononcée.

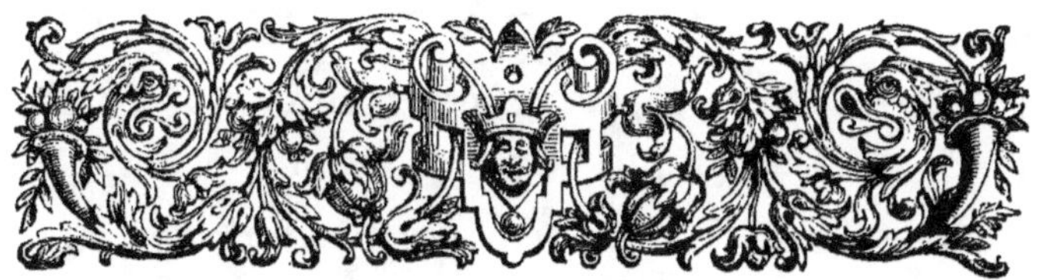

DÉSIGNATION

BIJOUX

1 — Deux Boutons d'oreilles montés chacun d'un brillant solitaire.

2 — Bague montée d'un saphir entouré de brillants.

3 — Bracelet en or, avec lettres N. M. en roses.

4 — Broche pendant en or, montée de petits brillants et roses.

5 — Broche flèche montée de trois perles et de roses.

6 — Broche carrée, entourée de deux perles et montée en or.

7 — Bague trois corps monté de rubis, saphirs, brillants et roses.

8 — Une Broche et deux Boutons d'oreilles, mosaïques montées en or.

9 — Une Broche en argent doré et émaillé, style Renaissance, enrichie de pierreries.

10 — Flacon en cristal, monté en argent doré.

11 — Plaque de ceinture circassienne en argent filigrané.

12 — Boîte en ancienne porcelaine de Chine, à cage montée en argent.

13 — Petit Coffret en lapis de Bohême, monture en cuivre.

14 — Coffret à bijoux en émail, monté en bronze doré.

15 — Coffret en cristal vert, garni en argent.

ARGENTERIE

16 — Corbeille en argent repercé, décor à rinceaux et fleurs, forme Louis XV.

17 — Sucrier sur piédouche, à anses plates, en argent repoussé, intérieur doré, époque Louis XIV.

18 — Légumier à anses ciselées et son couvercle en argent.

19 — Saucière avec plateau adhérent en argent, forme Louis XV.

20 — Écuelle en argent à anses plates, à coquilles, avec couvercle décoré en gravure et surmonté d'un artichaut, époque Régence. Travail français.

21 — Deux Sucriers ovales avec couvercles en argent, modèle à écusson tenu par des amours, guirlandes de fleurs et consoles, époque Louis XVI. Travail français.

22 — Plat oblong à bords festonnés en argent.

23 — Autre Plat oblong, même modèle, moins grand.

24 — Plat rond et creux, même modèle.

25 — Deux Plats ronds, même modèle.

26 — Moutardier en argent repoussé, époque Louis XIV.

27 — Deux Bouts-de-Table en argent découpé à jour.

28 — Deux Bougeoirs en argent guilloché et gravé.

29 — Coupe à deux anses en argent repoussé et doré, bordure lobée, décor à fleurs et oiseaux, époque Louis XIII.

30 — Coupe à deux anses en argent repoussé et doré, décorée d'une feuille d'acanthe et de guirlandes de fleurs.

31 — Coupe à deux anses en argent repoussé, avec fleur au fond, bordure lobée, époque Louis XIII.

32 — Huilier en argent repoussé, avec burettes en cristal taillé et bouchons en argent, Époque Louis XV.

33 — Petit Plateau et six Verres à liqueur en argent guilloché.

34 — Six Coquetiers en argent.

35 — Cafetière en argent repoussé, décor d'après Bérain à tête de femme et écusson, époque Régence.

36 — Pot à crème en argent repoussé, forme Louis XV.

37 — Garniture de toilette en argent guilloché et gravé, composée de 10 boîtes à savon, à poudres et à brosses.

38 — Moulin à poivre en argent guilloché, style Louis XVI.

39 — Deux Porte-Tasses en argent repoussé, Louis XV.

40 — Cuiller à sucre, Pelle à glace et Passe-Thé en vermeil.

41 — Une Aiguière et trois Verres montés en argent.

42 — Quatre Pelles à sel en argent.

TABLEAUX

43 — **Guillaumet.** Vase de fleurs.

44 — **Jacque** (Ch.) Moutons à l'étable.

45 — **Ecole moderne.** Portrait de jeune fille.

—

PORCELAINES ET FAIENCES

46 — Solitaire en ancienne porcelaine de Sèvres, décor fond jaune à guirlandes de fleurs, bordure fond blanc à rinceaux, composé de : un Plateau à anses, deux Tasses, une Soucoupe, un Pot à crème, et un Sucrier.

47 — Vase en porcelaine de Sèvres, fond vert, avec fleurs en blanc.

48 — Écuelle avec plateau en porcelaine de Saxe, décor à oiseaux.

49 — Tasse en vieux Sèvres, fond jaune, médaillon à rébus.

50 — Deux petites Corbeilles de Worcester, décor à fleurs en bleu.

51 — Ecuelle avec couvercle en vieux Marseille
fond jaune, à fleurs.

52 — Petite Cafetière en ancienne porcelaine de
Kronenburg fond gaufré, à fleurs.

53 — Bol en ancienne porcelaine de l'Inde, à
fleurs.

54 — Chauffe-Main du Japon, décor bleu.

55 — Pot à anse en vieux Japon, décor polychrome.

56 — Soupière en vieux Chine, décor à la pagode
en bleu sur blanc.

57 — Trente-cinq Assiettes en vieux Japon, décor
en bleu sur blanc.

58 — Fraisier en vieux Japon, décor bleu.

59 — Trois Compotiers en vieux Japon, décor en
bleu sur blanc.

60 — Deux Assiettes en vieux Japon, décor en
bleu sur blanc.

61 — Plateau oblong de Delft, décor bleu.

62 — Deux Saucières, forme coquille, décor bleu.

63 — Deux Appliques en faïence italienne, avec
bras à 3 lumières en bronze doré.

64 — Assiette en faïence de Marseille fond jaune,
à fleurs.

65 — Deux petits Compotiers de Rouen à la
Corne.

66 — Un Compotier de Rouen à la Corne.

67 — Une Saucière de Rouen à la Corne.

68 — Un Compotier de Rouen polychrome à fleurs.

69 — Un Compotier de Sinceny, décor à rocailles et fleurs.

70 — Une Bouquetière de Sinceny, décor polychrome.

71 — Dix Assiettes en ancienne porcelaine du Japon, décor bleu sur blanc, dessins variés.

72 — Plat en faïence de Nevers, décor au chinois en bleu sur blanc.

73 — Plat en faïence de Milan, décor à cartel, sujet mythologique, bordure rocaille.

74 — Quatre petites Assiettes en ancienne porcelaine de Chine, décor bleu sur blanc.

75 — Plateau oblong en faïence de Nevers, décor représentant Adam et Eve.

76 — Deux Compotiers en ancienne porcelaine de Worcester, décor à fleurs en bleu sur blanc.

77 — Deux Assiettes en vieux Japon, décor en bleu sur blanc.

78 — Modèle de petite Maison, en faïence de Montpellier, formant veilleuse.

79 — Grand Plat en porcelaine du Japon, décor
en bleu sur blanc.

80 — Deux Plats en vieux Japon, décor à rosaces
en bleu sur blanc.

81 — Une Assiette du Japon, en bleu sur blanc.

82 — Quinze Assiettes en vieux Japon, décor
polychrome.

83 — Compotier en vieux Chine, famille rose,
décor à fleurs.

84 — Aiguière de Nevers, décor en bleu sur
blanc.

85 — Cafetière en ancienne porcelaine de Charles
Théodore, décor à fleurs.

86 — Jardinière à deux anses, en faïence de
Nevers.

87 — Deux Porte-Bouquets cylindriques en Nevers, décor au chinois en bleu.

88 — Trois Tasses hautes avec Soucoupes en
vieux Japon, décor polychrome.

89 — Deux petits Bols en vieux Japon, décor
polychrome.

90 — Deux Tasses avec Soucoupes du Japon,
pâte fine.

91 — Petit Bol avec Soucoupe en porcelaine du
Japon, décor polychrome.

92 — Tasse avec Soucoupe de Saxe, décor au chiffre N, en fleurs.

93 — Deux petites Bouteilles du Japon, décor à sujets chinois en bleu.

94 — Potiche avec Couvercle en vieux Chine, décor bleu, à compartiments.

95 — Huilier de Rouen, décor polychrome à fleurs.

96 — Deux Vases en Chine gris craquelé.

97 — Encrier en faïence de Rouen, décor polychrome, monture en étain.

VERRERIES, ÉTAINS, OBJETS DIVERS

98 — Gobelet avec Couvercle en verre de Bohême, décor à armoiries.

99 — Deux Verres de Bohême, décor à armoiries.

100 — Canette de Bohême, décor à blason.

101 — Aiguière en verre pointillé d'or.

102 — Bouteille en verre de Bohême.

103 — Quatre petits Verres en vieux Bohême gravé, à armoiries et guirlandes de fleurs.

104 — Plateau à contours, en vieux Bohême.

105 — Coupe à champagne, de Venise.

106 — Coupe à déguster, de Venise.

107 — Sucrier de Bohême.

108 — Coupe en verre craquelé, monture en chêne sculpté.

109 — Plat en étain gravé, époque Louis XIV.

110 — Écuelle en étain, à côtes tournantes, époque Louis XV.

111 — Statuette de chinois en pierre de Lard.

BRONZES ET MEUBLES ANCIENS

112 — Pendule avec son socle d'applique en vernis Martin, décor fond vert à fleurs, avec animaux ornés de bronze doré, rocaille et cariatides de femmes, époque Louis XV.

113 — Sablier monté en bronze.

114 — Jardinière en bronze du Japon.

115 — Deux Bustes en bronze, sur socle en marbre.

116 — Deux Flambeaux en bronze doré, époque
Louis XVI.

117 — Pendule de Cronier, et deux Girandoles à
3 lumières, en bronze doré.

118 — Vase en bronze, dans le goût de Clodion.

119 — Deux Bras d'appliques à 2 lumières,
Louis XVI, modèle à draperies.

120 — Deux autres Bras d'appliques, à 2 lumières, modèle à guirlandes.

121 — Coupe en nacre, montée en bronze.

122 — Petite Commode élevée sur pieds, à 2 tiroirs,
forme bombée, en bois rose et palissandre, ornée de bronzes dorés, dessus de
marbre, époque Louis XV.

123 — Petite Console en bois sculpté et doré du
temps de Louis XV, à dessus de marbre.

124 — Petite Table à bijoux forme, Louis XVI, en
bois satiné et palissandre, avec plaques
en porcelaine de Tournai, à décor de
fleurs et médaillons historiques, ornée de
bronzes dorés.

125 — Table de toilette Louis XV en bois de palissandre sculpté, avec poignées et appliques en bronze.

126 — Table de toilette à trois compartiments, forme bureau, en bois de palissandre, ornements en bronze doré, époque Louis XV.

127 — Bénitier en bois sculpté et doré, époque Louis XIV.

128 — Vase en bronze argenté, style oriental.

129 — Grande Lanterne orientale.

MOBILIER

Ameublement de salle à manger en chêne sculpté composé de : Un Buffet à deux corps, une Encoignure à deux corps, une Table à manger et six Chaises couvertes en étoffe brochée.

Bel Ameublement de chambre à coucher en bois rose orné de bronzes dorés, composé de : une Armoire à glace, une Couchette avec sommier, une Table de nuit et une Table à ouvrage.

Meuble à hauteur d'appui en bois noir, incrusté de cuivre et orné de bronzes.

Bibliothèque à deux ventaux en marqueterie de cuivre.

Console style Louis XVI en bois doré.

Piano droit d'Erard en palissandre.

Table de milieu et Table de jeu en bois noir.

Canapé, Fauteuils et Chaises couverts en velours soie, etc.

Bronzes : Pendule, Girandoles, Flambeaux, Galeries, Chenets, Pare-Étincelles, Suspension, Lampes, etc.

Belles Glaces biseautées.

Livres : Environ 35o Volumes : Œuvres de Scribe, Molière, Chateaubriand, Rousseau, Grandville, Victor Hugo, Racine, l'abbé Prévost, Corneille, Bernardin de Saint-Pierre, Gavarni, Sterne, Gœthe, Alexandre Dumas, La Fontaine, De Barante, Thiers, Walter Scott, Lord Byron, Balzac, A. de Vigny, Murger, Sully-Prudhomme, etc.

Rideaux en damas de soie, satin, etc.

Tapis en moquette.

Bonne Literie, Lits de fer.

Services de table en faïence et verrerie.

Batterie de cuisine en cuivre, etc.

Objets divers.

Vv° Renou et Maulde, imprimeurs de la Cie des Commissaires-Priseurs, rue de Rivoli, 144.   400—65311